7 Wochen mit Papst Franziskus

Der Fastenzeitbegleiter

Zusammengestellt und herausgegeben von
Stefan von Kempis

camino.

EINLADUNG

Die Fastenzeit ist für Papst Franziskus eine Zeit des »Trainings«, in der sich die Christen einüben in den »Stil Gottes«. Worin dieser Stil besteht, das hat der Papst – ein unkonventioneller, aber tiefgründiger geistlicher Denker – einmal mit dem Wort »Armut« umrissen: Jesus wurde »euretwegen arm, um euch durch seine Armut reich zu machen« (2 Kor 8,9), zitiert er Paulus. Das sei kein »Wortspiel« und keine Effekthascherei, so Franziskus, sondern das bringe »die Logik Gottes auf den Punkt, die Logik der Liebe, die Logik der Menschwerdung und des Kreuzes«. Gott habe eben »das Heil nicht von oben auf uns herabfallen lassen«, wie wir das vielleicht mit einem Almosen an einen Bedürftigen tun, sondern sei selbst arm geworden wie wir – und habe uns genau dadurch befreit.
Eine Revolution von innen heraus: eine Blickumkehr.
Franziskus fordert uns auf, sozusagen mit Gottes Augen auf die Not unserer Nächsten zu blicken. Glaubende sollten wie ihr »Meister« die Not der anderen »ansehen«, »berühren«, auf sich nehmen. Arm werden, reich werden, indem wir Gottes Stil nachahmen und in seine Logik der Liebe zu den anderen eintreten: Darum geht es in der Fastenzeit. Und überhaupt im Leben.

WIR HABEN NOCH DIE ZEIT,
ZU REAGIEREN.

ZEIT ZU REAGIEREN

Immer gibt es die Möglichkeit zur Kehrtwende; wir haben noch die Zeit, zu reagieren und das, was uns als Volk zerstört, das, was uns als Menschheit entwürdigt, zu verwandeln, umzubilden, zu ändern und umzukehren. Die Barmherzigkeit ermutigt uns, die Gegenwart in den Blick zu nehmen und auf das Gesunde und Gute zu vertrauen, das in jedem Herzen pulsiert.

DER GLAUBE IST
DER GOLDENE FADEN,
DER UNS AN DEN
HERRN BINDET.

GLAUBE IST KEINE MITGIFT

Der Glaube ist keine magische Kraft, die vom Himmel niedersteigt, er ist keine »Mitgift«, die man ein für alle Mal bekommt, und auch keine Supermacht, die zur Lösung der Probleme des Lebens dient. Denn ein Glaube, der nützlich ist zur Befriedigung unserer Bedürfnisse, wäre ein egoistischer Glaube, allein auf uns selbst gerichtet. Glaube ist nicht zu verwechseln mit Wohlbehagen oder Wohlbefinden, mit innerer Tröstung, damit wir ein bisschen Frieden im Herzen haben. Der Glaube ist der goldene Faden, der uns an den Herrn bindet, die reine Freude, bei ihm zu sein, mit ihm verbunden zu sein.

ES BRAUCHT
EINE KIRCHE,
DIE KEINE
ANGST HAT.

IN DIE NACHT HINEIN

(Denken wir an) ... das schwierige Geheimnis der Leute, die die
Kirche verlassen; der Menschen, die sich von anderen Angeboten
haben täuschen lassen und dann meinen, die Kirche ... habe mitt-
lerweile nichts Bedeutendes, nichts Wichtiges mehr zu bieten. Und
dann ziehen sie allein des Wegs, mit ihrer Enttäuschung. Vielleicht
ist die Kirche zu schwach erschienen, vielleicht zu fern von ihren
Bedürfnissen, vielleicht zu arm, um auf ihre Beunruhigungen zu
antworten, vielleicht zu kalt ihnen gegenüber, vielleicht zu selbst-
bezogen, vielleicht eine Gefangene ihrer eigenen steifen Ausdrucks-
weisen ... Was ist zu tun angesichts dieser Situation? Es braucht
eine Kirche, die keine Angst hat, in die Nacht dieser Menschen
hineinzugehen. Es braucht eine Kirche, die fähig ist, ihnen auf
ihren Wegen zu begegnen. Es braucht eine Kirche, die sich in ihr
Gespräch einzuschalten vermag.

UNSER GANZES
DASEIN MUSS
VON GOTT REDEN.

NICHT NUR MIT WORTEN

Von Gott reden ... ist Aufgabe eines jeden Getauften. Und diese
umfasst nicht nur das Sprechen mit Worten, sondern alles Han-
deln und Tun. Unser ganzes Dasein muss von Gott reden, selbst
in den unscheinbaren Dingen. Dann ist unser Zeugnis echt ...
Damit dies gelingt, muss die Rede von Gott zuallererst Rede mit
Gott sein, Begegnung mit dem lebendigen Gott in Gebet und
Sakrament.

TRAINIEREN

Jesus bittet uns, ihm das ganze Leben hindurch zu folgen,
er bittet uns, seine Jünger zu sein, »in seiner Mannschaft
zu spielen« ... Nun, was macht ein Spieler, wenn er in eine
Mannschaft berufen wird? Er muss trainieren, viel trainieren.
Genauso ist unser Leben als Jünger des Herrn ... Jesus bietet
uns etwas Größeres als den Weltcup!

Etwas Größeres als den Weltcup? Jesus bietet uns die Möglichkeit eines fruchtbaren Lebens, eines glücklichen Lebens,
und er bietet uns auch eine Zukunft mit ihm, die kein Ende
haben wird, im ewigen Leben. Das ist es, was Jesus uns bietet.
Aber er verlangt von uns, dass wir den Eintritt bezahlen,
und der Eintrittspreis ist, dass wir trainieren, um »in Form
zu bleiben«, um allen Situationen des Lebens ohne Angst zu
begegnen und dabei unseren Glauben zu bezeugen.

OFT IST
DAS DUNKEL
AUCH ALS
LICHT VERKLEIDET!

HEILIGE SCHLÄUE

Dies ist auch eine Tugend, die »heilige Schläue«. Es handelt sich um jene geistliche Gerissenheit, die uns Gefahren erkennen und vermeiden lässt. ... Wir müssen den Glauben bewahren. Wir müssen ihn im Dunkel bewahren. Aber oft ist das Dunkel auch als Licht verkleidet! Denn der Dämon, so sagt der heilige Paulus, kleidet sich gelegentlich als Engel des Lichts. Und hier ist die »heilige Schläue« wichtig, um den Glauben zu bewahren, um ihn zu beschützen vor dem Gesang der Sirenen, die dir sagen: »Schau, heute müssen wir dieses und jenes tun.« ... Aber der Glaube ist Gnade, er ist Geschenk. Wir müssen ihn bewahren mit dieser »heiligen Schläue«, mit dem Gebet und mit der Liebe.

MENSCHLICHKEIT BEDEUTET,
ERNSTLICH WEINEN ODER
HERZLICH LACHEN
ZU KÖNNEN.

MENSCHLICHKEIT

Die Menschlichkeit ist das, was die Wahrhaftigkeit unseres Glaubens verkörpert. Wer seine Menschlichkeit aufgibt, der gibt alles auf. Die Menschlichkeit ist das, was uns von den Maschinen und den Robotern unterscheidet, die nichts empfinden und sich nicht innerlich anrühren lassen. Wenn es uns schwerfällt, ernstlich zu weinen oder herzlich zu lachen – das sind zwei Anzeichen –, dann hat unser Niedergang und der Prozess unserer Verwandlung von einem »Menschen« in etwas anderes begonnen.

WIE IST
MEIN HERZ?

AUFRICHTIG

Die Wahrheit zu uns selbst sagen: ... das ist nicht leicht! Denn wir versuchen immer, es zu bedecken, wenn wir etwas sehen, dass in uns nicht gut ist, oder? Damit es nicht herauskommt, nicht wahr? Was ist in unserem Herzen: Ist da Liebe? Wir denken: Ich liebe meine Eltern, meine Kinder, meine Frau, meinen Mann, die Leute im Stadtviertel, die Kranken ...? Liebe ich? Gibt es da Hass? Hasse ich jemanden? ... Es ist so schön, uns selbst gegenüber aufrichtig zu sein und uns zu schämen, wenn wir eine Situation finden, die nicht so ist, wie Gott sie will, die nicht gut ist; wenn mein Herz in einem Zustand des Hasses ist, der Rache, so viele sündhafte Situationen. Wie ist mein Herz?

DER GEIST SCHENKT UNS DIE WEISHEIT,
DIE ÜBER DAS WISSEN HINAUSGEHT.

GOTTES TRAUM

Wir alle sind Sünder. Auch für uns kann es die Versuchung
geben, aus Gier, die in uns Menschen immer vorhanden ist, den
Weinberg (des Herrn) »an uns zu reißen«. Der Traum Gottes
kollidiert stets mit der Heuchelei einiger seiner Diener. Wir
können den Traum Gottes »vereiteln«, wenn wir uns nicht vom
Heiligen Geist leiten lassen. Der Geist schenkt uns die Weisheit,
die über das Wissen hinausgeht, um großherzig in wahrer Frei-
heit und demütiger Kreativität zu arbeiten.

DAS EINZIG FRUCHTBARE
VERHÄLTNIS ZU DEN
MENSCHEN IST LIEBE.

SÄUERLICHES HERZ

Der Krieg beginnt nicht auf dem Schlachtfeld: Der Krieg, die Kriege beginnen im Herzen, mit Unverständnis, Spaltungen, Neid, mit dem Kampf gegen die anderen. Die Gemeinde von Korinth war so, sie war Meister darin! Der Apostel Paulus hat den Korinthern einige konkrete Ratschläge gegeben, die auch für uns gelten: nicht neidisch sein, sondern in unseren Gemeinden die Gaben und die guten Eigenschaften unserer Brüder anerkennen. Der Neid: »Der hat ein Auto gekauft« und ich verspüre hier Neid. »Der hat im Lotto gewonnen« und wieder Neid. »Und dem da gelingt das so gut« und wieder Neid. All das zerstückelt. Es tut weh, man darf es nicht tun! Denn so wächst der Neid und erfüllt das Herz. Und ein neidisches Herz ist ein »säuerliches« Herz, ein Herz, das anstelle von Blut Essig zu enthalten scheint.

DIE ANGST VOR DEN RISIKEN
DER LIEBE BLOCKIERT UNS.

GNADE IM TRESOR

Die Angst vor den Risiken der Liebe blockiert uns. Jesus fordert von uns nicht, seine Gnade in einem Tresor zu verwahren! Das fordert Jesus nicht von uns, sondern er will, dass wir sie zugunsten der anderen nutzen. Alle Güter, die wir empfangen haben, sind dazu da, sie den anderen zu geben, und so wachsen sie. Es ist, als sage er: »Schau, hier sind mein Erbarmen, meine Zärtlichkeit, meine Vergebung: Nimm sie und mach reichlich Gebrauch davon.« Und wir, was haben wir daraus gemacht? Wen haben wir mit unserem Glauben »angesteckt«? Wie viele Menschen haben wir mit unserer Hoffnung ermutigt? Wie viel Liebe haben wir mit unserem Nächsten geteilt? Uns diese Fragen zu stellen, das wird uns guttun.

ANBETUNG

Ich möchte, dass wir alle uns eine Frage stellen: Du, ich, beten wir den Herrn an? Gehen wir zu Gott nur, um zu bitten, zu danken, oder gehen wir auch zu ihm, um ihn anzubeten? Was bedeutet denn, Gott anzubeten? Es bedeutet zu lernen, wie wir bei ihm verweilen und innehalten können, um mit ihm zu sprechen und dabei zu spüren, dass seine Gegenwart die wahrste, beste und wichtigste aller ist. ... Das hat eine Konsequenz in unserem Leben: uns der vielen kleinen und großen Götzen zu entäußern, die wir haben ... Habe ich darüber nachgedacht, welchen verborgenen Götzen ich in meinem Leben habe, der mich daran hindert, den Herrn anzubeten?

SCHRITT
FÜR SCHRITT
ZUR HEILIGKEIT.

SCHRITT FÜR SCHRITT

Eine Frau geht zum Markt, um einzukaufen, und begegnet einer Nachbarin und sie beginnen zu reden, und dann kommt der Klatsch und diese Frau sagt: »Nein, nein, nein, ich werde über niemanden klatschen.« Das ist ein Schritt zur Heiligkeit, es hilft dir, heiliger zu werden. Zu Hause will dein Sohn dann ein wenig über das reden, was seine Fantasie beschäftigt: »Ach, ich bin so müde, ich habe heute so viel gearbeitet ...« – »Setz dich hin, und höre deinem Sohn zu, er braucht es!« Und du setzt dich hin, hörst ihm geduldig zu: Das ist ein Schritt zur Heiligkeit. Dann endet der Tag, wir sind alle müde, aber da ist das Gebet. Sprechen wir ein Gebet: Auch das ist ein Schritt zur Heiligkeit.

HEILIGER BUCHHALTER

Bist du verheiratet? Sei heilig, indem du für deinen Ehemann oder deine Ehefrau sorgst, wie Christus es mit der Kirche getan hat! Bist du getauft und unverheiratet? Sei heilig, indem du aufrichtig und kompetent deine Arbeit tust und dem Dienst an den Brüdern Zeit widmest! »Aber Pater, ich arbeite in einer Fabrik; ich arbeite als Buchhalter, immer mit Zahlen, da kann man doch nicht heilig sein …« – »Doch, das kann man! Dort, wo du arbeitest, kannst du heilig werden. Gott schenkt dir die Gnade, heilig zu werden. Gott teilt sich dir mit.« Man kann immer an jedem Ort heilig werden, das heißt, man kann sich öffnen für jene Gnade, die in uns wirkt und uns zur Heiligkeit führt.

FASTEN HILFT UNS, DAS HERZ FÜR DAS WESENTLICHE ZU TRAINIEREN.

GEGEN DAS SATTE FASTEN

Wir müssen aufpassen, dass wir kein rein formales Fasten praktizieren oder ein Fasten, das uns in Wirklichkeit »satt« werden lässt, weil wir uns dann mit uns selbst im Reinen fühlen. Das Fasten hat einen Sinn, wenn es wirklich unsere Sicherheit infrage stellt und auch wenn daraus eine Wohltat für die anderen hervorgeht, wenn es uns hilft, den Stil des guten Samariters zu pflegen, der sich über den Bruder in Schwierigkeiten beugt und sich um ihn kümmert. Das Fasten beinhaltet die Entscheidung für einen maßvollen Lebens-stil; ein Leben, das nicht verschwendet, ein Leben, das nicht »wegwirft«. Fasten hilft uns, das Herz für das Wesentliche und das Teilen zu trainieren.

DIE GABE
DER TRÄNEN.

SCHLAG AUF DEN FELS MEINES HERZENS

Sag mir: Weinst du? Oder haben wir die Tränen verloren? Ich erinnere mich, dass es in den alten Messbüchern, in denen einer anderen Zeit, ein wunderschönes Gebet gibt, zur Bitte um die Gabe der Tränen. Das Gebet begann so: »Herr, du hast Mose geboten, auf den Fels zu schlagen, damit Wasser hervorquelle, schlag auf den Fels meines Herzens, damit die Tränen ...«: So in etwa lautete das Gebet. Es war wunderschön. Aber wie viele von uns weinen angesichts des Leidens eines Kindes, angesichts der Zerstörung einer Familie, angesichts so vieler Menschen, die den Weg nicht finden?

WER ETWAS
WAGT, DEN
ENTTÄUSCHT
DER HERR NICHT.

FREUDE

Die Freude des Evangeliums erfüllt das Herz und das gesamte Leben derer, die Jesus begegnen. Diejenigen, die sich von ihm retten lassen, sind befreit von der Sünde, von der Traurigkeit, von der inneren Leere und von der Vereinsamung. Mit Jesus Christus kommt immer – und immer wieder – die Freude ... Ich lade jeden Christen ein, gleich an welchem Ort und in welcher Lage er sich befindet, noch heute seine persönliche Begegnung mit Jesus Christus zu erneuern oder zumindest den Entschluss zu fassen, sich von ihm finden zu lassen, ihn jeden Tag ohne Unterlass zu suchen. Es gibt keinen Grund, weshalb jemand meinen könnte, diese Einladung gelte nicht ihm ... Wer etwas wagt, den enttäuscht der Herr nicht, und wenn jemand einen kleinen Schritt auf Jesus zu macht, entdeckt er, dass dieser bereits mit offenen Armen auf sein Kommen wartete.

DIE LIEBE KANN NICHT
NEUTRAL SEIN.

KEIMFREIE LIEBE

Indem Jesus den Aussätzigen heilt, fügt er keinem Gesunden
Schaden zu, vielmehr befreit er ihn von der Angst; er setzt ihn
nicht einer Gefahr aus, sondern schenkt ihm einen Bruder; er
verachtet nicht das Gesetz, sondern achtet den Menschen, für
den Gott das Gesetz gegeben hat ... Daraus folgt: Die Liebe kann
nicht neutral, »keimfrei«, gleichgültig, lau oder unparteiisch sein!
Die Liebe steckt an, begeistert, wagt und bezieht ein! Denn die
wirkliche Liebe ist immer unverdient, bedingungslos und gegen-
leistungsfrei (vgl. 1 Kor 13). Die Liebe ist kreativ, wenn es darum
geht, die richtige Sprache zu finden, um mit all denen Verbin-
dung aufzunehmen, die als unheilbar und darum unberührbar
angesehen werden.

VERTRAUEN

In vielen Lebensbereichen vertrauen wir uns anderen Menschen an, die mehr Sachverständnis besitzen als wir. Wir haben Vertrauen zu dem Architekten, der unser Haus baut, zu dem Apotheker, der uns das Medikament zur Heilung anbietet, zu dem Rechtsanwalt, der uns vor Gericht verteidigt. Wir brauchen auch einen, der glaubwürdig ist und kundig in den Dingen Gottes. Jesus, der Sohn Gottes, bietet sich als derjenige an, der uns Gott »erklärt« (vgl. Joh 1,18). Das Leben Christi, seine Weise, den Vater zu kennen, völlig in der Beziehung zu ihm zu leben, öffnet der menschlichen Erfahrung einen neuen Raum und wir können in ihn eintreten.

VERSCHLIESSEN
WIR UNS NICHT
DEM NEUEN.

NICHT AUFGEBEN

Brüder und Schwestern, verschließen wir uns nicht dem
Neuen, das Gott in unser Leben bringen will! Sind wir oft
müde, enttäuscht, traurig, spüren wir die Last unserer Sünden, meinen wir, es nicht zu schaffen? Verschließen wir uns
nicht in uns selbst, verlieren wir nicht die Zuversicht, geben
wir niemals auf: Es gibt keine Situation, die Gott nicht ändern kann, es gibt keine Sünde, die er nicht vergeben kann,
wenn wir uns ihm öffnen.

HABT KEINE ANGST,
DIE WAHRHEIT ZU SAGEN.

OFFENHEIT

Wie gehe ich mit meiner Sünde, mit meinen Sünden um? Ich möchte euch Folgendes empfehlen: Seid offen eurem Beichtvater gegenüber! Immer. Sagt alles, habt keine Angst ... Die Wahrheit sagen, ohne etwas zu verheimlichen, ohne Halbwahrheiten, weil man in der Person des Beichtvaters mit Jesus spricht. Und Jesus kennt die Wahrheit ... Offenheit! Es ist Jesus, der dich hört ... Vater, ich habe gesündigt, ich habe dieses und jenes und jenes getan ... sprecht es voll aus. Und der Herr umarmt dich, er küsst dich! Geh, und sündige nicht mehr! Und wenn du zurückkommst? Noch einmal ... Öffnet der Gnade die Tür, mit Hilfe dieser Offenheit!

DER GLAUBE
WIRD DURCH
DIE LIEBE
GEFORMT.

DIE KLEINEN DINGE

Die Liebe äußert sich in kleinen Dingen, in der geringsten
Geste der Aufmerksamkeit gegenüber dem Alltäglichen,
die dafür sorgt, dass das Leben immer eine heimische
Atmosphäre hat. Der Glaube wächst mit seiner praktischen
Anwendung und wird durch die Liebe geformt.

HALTE EIN;
DER HERR IST DA!

ANGST, DASS DER HERR KOMMT

Ein Heiliger sagte: »Ich habe Angst, dass der Herr kommt.«
Wisst ihr, warum er Angst hatte? Angst davor, es nicht zu
bemerken und sein Kommen zu verpassen. Wenn wir in unserem Herzen spüren: »Ich möchte besser sein ... Mich reut,
was ich getan habe« – es ist der Herr, der anklopft. Er lässt
dich das spüren: das Verlangen, besser zu sein, das Verlangen,
näher bei den anderen, bei Gott zu sein. Wenn du das spürst,
dann halte ein. Da ist der Herr!

DAS BETÄUBTE HERZ.

KREUZZEICHEN

Wir gewöhnen uns daran, in einer Gesellschaft zu leben, die den Anspruch erhebt, ohne Gott auszukommen, in der die Eltern die Kinder nicht mehr lehren zu beten und das Kreuzzeichen zu machen. Ich frage euch: Können eure Kinder das Kreuzzeichen machen? Denkt darüber nach! Können eure Enkel das Kreuzzeichen machen? Habt ihr es ihnen beigebracht? Denkt darüber nach und antwortet in eurem Herzen! Können sie das Vaterunser beten? Können sie mit dem »Ave Maria« zur Gottesmutter beten? Denkt darüber nach und antwortet darauf! Diese Gewöhnung an nicht-christliche und bequeme Verhaltensweisen betäubt uns das Herz!

UMSONST WEITERGEBEN.

UMSONST

Mir macht es Spaß, die Kinder zu fragen: »Wenn du zwei Bonbons hast und es kommt dein Freund, was tust du dann?« Im Allgemeinen antworten sie mir: »Ich gebe ihm eines.« Im Allgemeinen. »Und wenn du ein Bonbon hast und es kommt dein Freund, was tust du dann?« Da sind sie unschlüssig. Und die Antworten gehen von »Ich gebe es ihm« über »Wir teilen es« bis »Ich stecke es in die Tasche.« Das Kind, das lernt, sich dem anderen zu öffnen ... Das, was wir sind und haben, ist uns anvertraut, damit wir es in den Dienst der anderen stellen – umsonst haben wir es empfangen, umsonst geben wir es weiter.

LEBENDIGES BROT

Alles, was wir in der Welt haben, stillt unseren Hunger nach Unendlichkeit nicht. Wir brauchen Jesus. Es ist für uns notwendig, bei ihm zu sein, uns an seinem Tisch zu nähren, an seinen Worten ewigen Lebens! An Jesus glauben bedeutet, ihn zum Mittelpunkt, zum Sinn unseres Lebens zu machen. Christus ist kein nebensächliches Element: Er ist »lebendiges Brot«, die unverzichtbare Nahrung. Sich an ihn in einer wahren Beziehung des Glaubens und der Liebe zu binden heißt nicht, angekettet zu sein, sondern zutiefst frei, immer unterwegs. Jeder von uns kann sich fragen: Wer ist Jesus für mich? Ist er ein Name, eine Idee, nur eine historische Gestalt? Oder ist er wirklich jene Person, die mich liebt, die ihr Leben für mich hingegeben hat und mit mir geht?

HERR, DA BIN ICH,
NIMM MEINE ARMUT AN.

MUT ZUR RÜCKKEHR

In meinem persönlichen Leben habe ich viele Male das barmherzige Antlitz Gottes, seine Geduld gesehen. Bei vielen Menschen habe ich auch den Mut beobachtet, ... zu sagen: Herr, da bin ich, nimm meine Armut an, verbirg meine Sünde in deinen Wunden, wasche sie rein mit deinem Blut. Und ich habe immer gesehen, dass Gott es getan hat, dass er aufgenommen, getröstet, gewaschen, geliebt hat. Liebe Brüder und Schwestern, lassen wir uns von der Barmherzigkeit Gottes einhüllen; vertrauen wir auf seine Geduld, die uns immer Zeit lässt; haben wir den Mut, in sein Haus zurückzukehren, in den Wunden seiner Liebe zu wohnen und uns von ihm lieben zu lassen, seiner Barmherzigkeit in den Sakramenten zu begegnen. Wir werden seine so schöne Zärtlichkeit spüren, wir werden seine Umarmung spüren und auch selber fähiger sein zu Barmherzigkeit, Geduld, Vergebung und Liebe.

WORAUF
KÖNNEN WIR
VERZICHTEN?

VERZICHTEN

Es wird uns guttun, uns zu fragen, worauf wir verzichten können, um durch unsere Armut anderen zu helfen und sie zu bereichern. Vergessen wir nicht, dass wahre Armut schmerzt: Ein Verzicht, der diesen Aspekt der Buße nicht einschließt, wäre bedeutungslos. Ich misstraue dem Almosen, das nichts kostet und nicht schmerzt.

DURCH ZUHÖREN SEHEN WIR
DIE WELT MIT ANDEREN AUGEN.

ZUHÖREN

Wir müssen einen gewissen Sinn für Langsamkeit und Ruhe wiedergewinnen. Das verlangt die Zeit und die Fähigkeit, Stille zu schaffen, um zuzuhören. Wir brauchen auch Geduld, wenn wir denjenigen verstehen wollen, der anders ist als wir: Der Mensch bringt sich selbst vollständig zum Ausdruck, nicht dann, wenn er einfach toleriert wird, sondern wenn er weiß, dass er wirklich angenommen ist. Wenn wir wirklich den anderen zuhören möchten, dann werden wir lernen, die Welt mit anderen Augen zu sehen, dann werden wir die Erfahrung der Menschen, wie sie sich in den verschiedenen Kulturen und Traditionen zeigt, schätzen lernen.

UNSERE
TÄGLICHE LIEBE
GIB UNS HEUTE.

DIE TÄGLICHE LIEBE

Bittet Jesus darum, dass er eure Liebe vermehren möge! Im Vaterunser beten wir: »Unser tägliches Brot gib uns heute.« Die Ehepaare können lernen, auch so zu beten: »Herr, unsere tägliche Liebe gib uns heute« – denn die tägliche Liebe der Ehepaare ist das Brot, das wahre Brot der Seele, jenes, das ihnen die notwendige Stütze gibt, um weiterzumachen ... Das ist das Gebet der Verlobten und der Ehepaare. Lehre uns, einander zu lieben, das Gute füreinander zu wollen! Je mehr ihr auf Ihn vertraut, umso mehr wird eure Liebe »für immer« sein; fähig, sich zu erneuern und jede Schwierigkeit zu überwinden.

ANGST VOR DER ZÄRTLICHKEIT.

WIE GOTT UNS ANBLICKT

Liebe Mitarbeiter und Mitarbeiterinnen, stellen wir uns vor, wie unsere Welt sich ändern würde, wenn jeder von uns jetzt und hier beginnen würde, sich ernsthaft um sich zu kümmern und großherzig seine Beziehung zu Gott und zum Nächsten zu pflegen, wenn wir die goldene Regel des Evangeliums in die Praxis umsetzen würden, die Jesus in der Bergpredigt vorschlägt: »Alles, was ihr also von anderen erwartet, das tut auch ihnen! Darin besteht das Gesetz und die Propheten« (Mt 7,12). Wenn wir mit dem Blick der Güte und der Zärtlichkeit – so wie Gott uns anblickt, uns erwartet und uns vergibt – den anderen anblicken würden, besonders den Bedürftigsten. Wenn wir in der Demut unsere Kraft und unseren Schatz finden würden! Und sehr häufig haben wir Angst vor der Zärtlichkeit, haben wir Angst vor der Demut!

BESTRAFUNG IST DER FALSCHE WEG.

WIEDEREINGLIEDERUNG

Es gibt etwas Schönes: Wenn der Herr uns vergibt, sagt er nicht zu uns: »Ich vergebe dir – sieh zu, wie du zurechtkommst!« Nein, er vergibt uns, er nimmt uns an der Hand und er hilft uns, diesen Weg der Wiedereingliederung fortzusetzen, im eigenen persönlichen Leben und auch im gesellschaftlichen Leben. Das tut er mit uns allen. Zu meinen, dass die innere Ordnung eines Menschen nur »mit Schlägen« – ich weiß nicht, ob man es so sagen kann –, dass sie nur mit Bestrafung wiederhergestellt werden kann, das kommt nicht von Gott, das ist falsch.

LASS DICH ANSCHAUEN

Auf Gottes Angesicht schauen, aber vor allem ... sich angeschaut fühlen ...
Der Herr schaut uns an: Er schaut zuerst auf uns. Meine Erfahrung ist das,
was ich vor dem Tabernakel erfahre, wenn ich gehe, um am Abend vor dem
Herrn zu beten. Manchmal nicke ich ein wenig ein, das ist wahr, denn die
Müdigkeit des Tages lässt dich einschlummern. Aber er versteht mich. Und
ich empfinde so viel Trost, wenn ich daran denke, dass er mich anschaut.
Wir meinen, wir müssten beten, sprechen, sprechen, sprechen ... Nein! Lass
dich vom Herrn anschauen! Wenn er uns anschaut, gibt er uns Kraft.

LEBEN HEISST KONFLIKT

Was wäre denn – denken wir einmal darüber nach – eine Gesellschaft, eine Familie, ein Freundeskreis ohne Spannungen und
ohne Konflikte? Wisst ihr, was es wäre? Ein Friedhof. Denn nur in
toten Dingen sind keine Spannungen und keine Konflikte vorhanden. Wenn Leben vorhanden ist, gibt es Spannung und Konflikt.
Daher ist es notwendig, dieses Konzept zu entwickeln und in meinem Leben danach zu suchen, welches die wahren Spannungen
sind, wie es zu diesen Spannungen kommt – denn diese Spannungen sagen, dass ich lebendig bin – und wie diese Konflikte ausse-
hen. Nur im Paradies wird es keine mehr geben!

JESUS
IST GOTT
MIT UNS.

GRENZEN UND DRAMEN

Die Gegenwart Gottes inmitten der Menschheit wurde nicht in einer idealen, idyllischen Welt verwirklicht, sondern in dieser realen Welt, die von vielen guten und schlechten Dingen geprägt ist, die geprägt ist von Spaltungen, Bosheit, Armut, Unterdrückung und Krieg. Er hat beschlossen, in unserer Geschichte zu wohnen, so wie sie ist, mit der ganzen Last ihrer Grenzen und ihrer Dramen. Dadurch hat er auf unübertreffliche Weise seine barmherzige und liebevolle Zuneigung zu den menschlichen Geschöpfen gezeigt. Er ist der Gott mit uns; Jesus ist Gott mit uns.

NICHT NUR WORTE

Ich gestehe euch, dass es mich manchmal ein bisschen allergisch macht oder – um es nicht so fein auszudrücken – ich könnte aus der Haut fahren, wenn ich hochtönende Reden mit all diesen Worten (Gerechtigkeit, Friede u. Ä.) höre und jemand, der den Redner kennt, sagt: »Was für ein Lügner du bist!« Darum: Worte allein sind nutzlos. Wenn du ein Wort sagst, engagiere dich im Sinn dieses Wortes! Arbeite damit Tag für Tag, Tag für Tag! Opfere dich dafür auf! Engagiere dich!

GUTES TUN, OHNE ETWAS DAFÜR ZU ERWARTEN.

UNENTGELTLICH

Um die Welt zum Besseren zu wandeln, muss man
denen Gutes tun, die nicht in der Lage sind, uns etwas
zurückzugeben, wie der Vater es mit uns getan hat, indem er uns Jesus geschenkt hat. Wie viel haben wir für
unsere Erlösung bezahlt? Nichts, alles unentgeltlich!
Gutes tun, ohne etwas dafür zu erwarten. So hat der
Vater an uns gehandelt und wir müssen dasselbe tun.

DIE GRENZE ZWISCHEN GUT
UND BÖSE VERLÄUFT IN UNS

DOPPELLEBEN

Die Grenze zwischen Gut und Böse verläuft nicht außerhalb
von uns, sondern vielmehr in uns. Wir können uns fragen: Wo
ist mein Herz? Jesus sagt: »Wo dein Schatz ist, da ist auch dein
Herz.« Was ist mein Schatz? Ist es Jesus, ist es seine Lehre?
Dann ist das Herz gut. Oder ist der Schatz etwas anderes? In
dem Fall ist es das Herz, das gereinigt werden und umkehren
muss. Ohne ein reines Herz kann man keine wahrhaft sauberen
Hände und Lippen haben, die aufrechte Worte der Liebe sprechen – alles ist doppelt, ein »Doppelleben« –, Lippen, die Worte
der Barmherzigkeit, der Vergebung sprechen. Das kann nur das
aufrechte und geläuterte Herz tun.

WAS GEHT MICH DAS AN?

DER HÜTER

Um ehrlich zu sein, müsste auf den Titelseiten der Tageszeitungen die Schlagzeile stehen: »Was geht mich das an?« Kain würde sagen: »Bin ich der Hüter meines Bruders?« Diese Haltung ist genau das Gegenteil von dem, was Jesus im Evangelium von uns verlangt ... Er, der König, der Weltenrichter, ist der Hungrige, der Durstige, der Fremde, der Kranke, der Gefangene ... Wer sich um den Mitmenschen kümmert, geht ein in die Freude des Herrn; wer es aber nicht tut, wer mit seinen Unterlassungen sagt: »Was geht mich das an?«, der bleibt draußen.

FÜR MICH

Der Sohn Gottes erscheint am Kreuz als besiegter Mensch: Er leidet, er wird verraten, er wird verhöhnt und am Ende stirbt er. Aber Jesus lässt es zu, dass das Böse über ihn hereinbricht, und er nimmt es auf sich, um es zu besiegen. Sein Leiden ist kein Unfall; sein Tod – eben dieser Tod – stand »geschrieben«. Tatsächlich finden wir nicht viele Erklärungen. Es handelt sich um ein erschütterndes Geheimnis, das Geheimnis der großen Demut Gottes: »Denn Gott hat die Welt so sehr geliebt, dass er seinen einzigen Sohn hingab« (Joh 3,16). Denken wir in dieser Woche viel an den Schmerz Jesu und sagen wir uns: Das ist für mich ...

GOTT HAT
SICH SELBST
VERNICHTEN
LASSEN.

DAS SCHEITERN GOTTES

Es gibt Fragen, so sehr du dir auch den Kopf zerbrichst und
über sie nachdenkst, du findest keine Antwort. Wie kann ich
die Hand Gottes in einem Lebensdrama erkennen? Es gibt eine
einzige … ich wollte sagen: eine einzige Antwort. Nein. Es gibt
keine Antwort, es gibt einen einzigen Weg: Schau auf den Sohn
Gottes. Gott gab ihn preis, um uns alle zu retten. Gott selbst hat
sich zur Tragödie gemacht. Gott selbst hat sich am Kreuz vernichten lassen. Und wenn du einmal nichts mehr verstehst, wenn
du verzweifelt bist, wenn die Welt über dir zusammenbricht,
dann schau auf das Kreuz! Da ist das Scheitern Gottes, da ist
die Vernichtung Gottes, aber da ist auch eine Herausforderung
für unseren Glauben: die Hoffnung. Denn die Geschichte endete
nicht in diesem Scheitern, sondern in der Auferstehung, die uns
alle erneuerte.

DAS LAMM ERTRÄGT
UND IST ERGEBEN.

GOTTESLAMM

Im Neuen Testament kommt das Wort »Lamm« mehrfach und immer in Bezug auf Jesus vor. Dieses Bild des Lammes könnte einen verwundern; tatsächlich lädt sich ein Tier, das sich sicherlich nicht durch Kraft und Stärke auszeichnet, eine derart erdrückende Last auf seine Schultern. Die enorme Masse des Bösen wird hinweggenommen und von einem schwachen und gebrechlichen Geschöpf hinweggetragen, Symbol des Gehorsams, der Fügsamkeit und der wehrlosen Liebe, die bis zum Opfer seiner selbst reicht. Das Lamm ist kein Herrscher, sondern fügsam; es ist nicht aggressiv, sondern friedfertig; es zeigt angesichts eines Angriffs nicht Krallen oder Zähne, sondern es erträgt und ist ergeben. Und so ist Jesus! So ist Jesus, wie ein Lamm.

WILLST DU MIR
DAS KREUZ
TRAGEN HELFEN?

DAS KREUZ TRAGEN HELFEN

Viele Gesichter haben Jesus auf dem Weg zum Kalvarienberg begleitet: Pilatus, Simon von Zyrene, Maria, die Frauen ... Ich frage dich heute: Wer von diesen möchtest du sein? Willst du wie Pilatus sein, der nicht den Mut hat, gegen den Strom zu schwimmen, um das Leben Jesu zu retten, und der seine Hände in Unschuld wäscht? Sag mir: Bist du einer von denen, die ihre Hände in Unschuld waschen, bist du einer, der sich dumm stellt und zu Seite schaut? Oder bist du wie Simon von Zyrene, der Jesus hilft, den schweren Balken zu tragen, wie Maria und die anderen Frauen, die keine Angst haben, Jesus bis zum Ende zu begleiten, mit Liebe und mit Zärtlichkeit. Und du, wie möchtest du sein? Wie Pilatus, wie Simon von Zyrene, wie Maria? Jesus blickt dich jetzt gerade an und sagt dir: Willst du mir das Kreuz tragen helfen? ... Was antwortest du ihm?

DIE BARMHERZIGKEIT
IST EIN GEHEIMNIS.

DAS GEHEIMNIS GOTTES

Mich beeindruckt sehr ein mittelalterliches Kapitell in der Basilika der heiligen Maria Magdalena zu Vézelay in Frankreich, wo der Jakobsweg beginnt. Auf diesem Kapitell sieht man auf der einen Seite Judas, der sich erhängt hat, mit offenen Augen und herausgestreckter Zunge, und auf der anderen Seite sieht man den Guten Hirten, der ihn mit zu sich nimmt. Und wenn wir genau und ganz aufmerksam hinschauen, bemerken wir, dass das Gesicht des Guten Hirten, seine Lippen auf der einen Seite einen traurigen Ausdruck haben, auf der anderen Seite aber ein Lächeln zeigen. Die Barmherzigkeit ist ein Geheimnis, sie ist ein Geheimnis. Sie ist das Geheimnis Gottes.

O MENSCH, WER
BIST DU GEWORDEN?

MENSCH, WER BIST DU?

Mensch, wer bist du? Ich erkenne dich nicht mehr. Wer bist du, o Mensch, wer bist du geworden? Zu welchem Gräuel bist du fähig gewesen? Was hat dich so tief fallen lassen? Es ist nicht die Erde vom Ackerboden, aus der du gemacht bist. Die Erde vom Ackerboden ist gut, ein Werk meiner Hände. Es ist nicht der Lebensatem, den ich in deine Nase geblasen habe. Jener Atem kommt von mir, er ist sehr gut (vgl. Gen 2,7). Nein, dieser Abgrund kann nicht allein dein Werk sein, ein Werk deiner Hände, deines Herzens ... Wer hat dich verdorben? Wer hat dich verunstaltet? Wer hat dich angesteckt mit der Anmaßung, dich zum Herrn über Gut und Böse zu machen? Wer hat dich überzeugt, dass du Gott bist? Nicht nur gefoltert und getötet hast du deine Brüder, sondern du hast sie als Opfer dir selber dargebracht, denn du hast dich zum Gott erhoben.

WIR SIND ALLE AUFGERUFEN, UNS ZU NEUEM LEBEN ERWECKEN ZU LASSEN.

IN DEN OZEAN TAUCHEN

Manchmal fragen wir uns: ... Wie lange noch wird die menschliche Bosheit Gewalt und Hass über die Erde aussäen und unschuldige Opfer fordern? ... Und doch ist dieser Hochwasser führende Fluss machtlos gegen den Ozean der Barmherzigkeit, der unsere Welt überflutet. Wir sind alle aufgerufen, in diesen Ozean einzutauchen, uns zu neuem Leben erwecken zu lassen, um die Gleichgültigkeit zu überwinden, die die Solidarität vereitelt, und aus der falschen Neutralität herauszutreten, die das Miteinander-Teilen behindert.

MENSCHEN DER AUFERSTEHUNG

Verweilen wir in ehrfürchtiger Sammlung am leeren Grab, um die Größe unserer christlichen Berufung wiederzuentdecken: Wir sind Männer und Frauen der Auferstehung, nicht des Todes. Lernen wir von diesem Ort, unser Leben, die Sorgen unserer Kirchen und der ganzen Welt im Licht des Ostermorgens zu leben. Jede Verwundung, jedes Leiden, jeder Schmerz sind vom Guten Hirten auf seine eigenen Schultern geladen worden; er hat sich selbst hingegeben und mit seinem Opfer hat er uns den Übergang ins ewige Leben eröffnet. Seine offenen Wunden sind gleichsam das Tor, durch das sich der Strom seiner Barmherzigkeit über die Welt ergießt. Lassen wir uns die Grundlage unserer Hoffnung nicht nehmen …

FRANZISKUS ist der erste Papst aus der Neuen Welt und der erste, der dem Jesuitenorden angehört. Dass die Kardinäle ihn im März 2013 nach dem Rücktritt von Benedikt XVI. zum neuen »Bischof von Rom« (so stellte er sich selbst in seiner ersten Ansprache vor) wählten, wurde weltweit mit Überraschung aufgenommen: Ein Kirchenmann von der »Peripherie« war unversehens an die Kirchenspitze gerückt.

Geboren wurde Jorge Mario Bergoglio, so sein bürgerlicher Name, am 17. Dezember 1936 in Buenos Aires, der Hauptstadt von Argentinien. Die Eltern waren Einwanderer aus Norditalien; der Vater Mario arbeitete als Buchhalter, die Mutter Regina führte den Haushalt und erzog die insgesamt fünf Kinder. »Meine Leute sind arm und ich bin einer von ihnen«, sagt der Papst heute rückblickend – und schon an einem seiner ersten Tage im Amt träumte er laut von einer »armen Kirche für die Armen«.

Wahrscheinlich hat es biografische Wurzeln, dass Franziskus für das Thema Armut und Migranten besonders sensibel ist. Den Papstnamen Franziskus wählte er zur Erinnerung an den hl. Franz von Assisi und seine erste Reise im neuen Amt führte ihn auf die Insel Lampedusa, einen Schauplatz immer neuer Flüchtlingsdramen. Bei einer Beichte in der Kirche seines Stadtteils machte der 17-jährige Bergoglio eine plötzliche Gotteserfahrung: Er habe sich, so formuliert er rückblickend, vom barmherzigen Jesus angeschaut gefühlt. Das wurde zur Grundlage seiner Berufung zum Priesteramt und seiner kennzeichnenden Spiritualität der Barmherzigkeit. Der ausgebildete Chemielaborant trat 1958 in das Jesuitennoviziat ein; seine Hoffnung bestand darin, als Missionar nach Japan geschickt zu werden. Doch die Ordensoberen behielten ihn seiner prekären Gesundheit wegen lieber im Land. Bergoglio wurde Lehrer für Literatur und Psychologie an Jesuitenschulen, erst in Santa Fé und dann in der Hauptstadt. Damalige Schüler schildern ihn als strengen, aber unkonventionellen Lehrer.

1969 wurde er zum Priester geweiht, vier Jahre später legte er die Ewigen Gelübde seines Ordens ab und stieg unversehens zum Provinzial der argentinischen Jesuitenprovinz auf. »Ich war erst 36 Jahre alt – eine Verrücktheit!«, sagt er heute dazu. »Ich musste mich mit sehr schwierigen Situationen auseinandersetzen und traf meine Entscheidungen schroff und eigenmächtig.« Der Orden war unmittelbar nach dem Zweiten Vatikanischen Konzil in Turbulenzen, dazu kam das Abgleiten Argentiniens in eine Militärdiktatur. Als Bergoglio sein Amt Ende 1979 an seinen Nachfolger übergab, um selbst Rektor des »Colegio Máximo« in Buenos Aires zu werden, hatte er viele schwierige Drahtseilakte hinter sich – und hatte sich darüber hinaus innerhalb seines Ordens eine Reihe von Gegnern geschaffen. Diese sorgten dafür, dass er in den Achtziger Jahren gewissermaßen in die Wüste geschickt wurde.

Der Jesuit landete also als Beichtvater und Exerzitienmeister in Córdoba, fern der Hauptstadt. Hier wurde angeblich seine Post kontrolliert, Anrufe wurden nicht durchgestellt – »eine Zeit einer großen inneren Krise«, wie der Papst freimütig sagt. Die Schuld daran, dass er in seiner eigenen Ordensprovinz zeitweise ins Abseits geriet, gibt er sich heute weitgehend selbst: Er sei damals als Provinzial zu »autoritär« gewesen und habe sich nicht genügend mit anderen beraten. Als römischer Bischof hat Franziskus ein Beratungsgremium von Kardinälen aus aller Welt eingerichtet, das regelmäßig tagt; auch den Bischofssynoden im Vatikan hat er einen stärker beratenden Charakter gegeben.

Es war der damalige Erzbischof von Buenos Aires, Kardinal Antonio Quarracino (übrigens selbst Sohn italienischer Einwanderer), der Pater Bergoglio aus der Versenkung holte: Er bat Papst Johannes Paul II., den Jesuiten zum Weihbischof der Hauptstadt zu machen. 1992 empfing Bergoglio also die Bischofsweihe. Das Motto, das er sich damals auswählte, hat er auch als Papst beibehalten: »Miserando atque eligendo«, »Durch Erbarmen auswählend«. Es spielt darauf an, dass Bergoglio sich selbst, obwohl ein Sünder, von Jesus barmherzig angeschaut und ausgewählt fühlt. Sowohl in sein Bischofs- wie später in sein Papstwappen nahm er das Christogramm IHS auf, ein Symbol der Jesuiten und ein Zeichen für seine bleibende innere Verortung im Orden.

Die Jahre in Córdoba hatten den Überflieger Bergoglio spürbar verändert: Als Weihbischof wurde er für seine Einfachheit bekannt. Er fuhr mit der Metro oder dem Bus, war in Buenos Aires häufig zu Fuß unterwegs und für jedermann ansprechbar, besuchte immer wieder Armenviertel. Anderen gegenüber trat er milde auf, sich selbst allerdings beurteilte er streng. Die Selbstkritik, zu der dieser Papst fähig ist, lässt aufhorchen; vermutlich ist sie eine Folge der »Geistlichen Exerzitien«, die er als Jesuit auf den Spuren des heiligen Ignatius von Loyola durchlaufen hat und die intensive Gewissenserforschung mit sich bringen.

1998 ernannte Papst Johannes Paul Bergoglio nach dem Tod Quarracinos zum neuen Erzbischof von Buenos Aires und setzte ihm drei Jahre später auch das Kardinalsbirett auf. Von 2005 bis 2011 leitete der Jesuitenkardinal die Argentinische Bischofskonferenz, und 2007 spielte er eine Schlüsselrolle bei einer Konferenz lateinamerikanischer Bischöfe in Aparecida/Brasilien, auf der die pastorale den Kontinent festgelegt wurde.

Schon beim Konklave 2005, aus dem schließlich Benedikt XVI. als Papst hervorging, soll der Argentinier viele Stimmen auf sich vereinigt haben – aber das wissen nur die Kardinäle genau, die damals als Papstwähler in der Sixtinischen Kapelle versammelt waren und denen ein Eid verbietet, darüber zu sprechen. Als er dann beim Konklave 2013 zum Bischof von Rom gewählt wurde, war Bergoglio 76 Jahre alt und hatte sich eigentlich schon auf den Ruhestand vorbereitet.

Als Papst drängt Franziskus die Kirche immer wieder zum »Hinausgehen an die Peripherie«. Er wirbt für eine Rückbesinnung auf die Barmherzigkeit Gottes und tritt (etwa bei der täglichen Frühmesse im Santa-Marta-Hotel des Vatikans, in dem er wohnt) vor allem als Seelsorger auf. In politischer Hinsicht ist er ein wichtiger Anwalt der Schwachen und Vernachlässigten.

QUELLENNACHWEIS

TAG 1: Predigt in Ciudad Juarez/Mexiko, 17.2.16

TAG 2: Predigt in Baku/Aserbaidschan, 2.10.16

TAG 3: Ansprache an Bischöfe in Rio/Brasilien, 27.7.2013

TAG 4: An österreichische Bischöfe, 30.1.14

1. FASTENSONNTAG: Predigt bei einer Gebetsvigil in Rio/Brasilien, 27.7.2013

TAG 5: Predigt, 6.1.14

TAG 6: An die Kurie, 21.12.15

TAG 7: Besuch in einer römischen Pfarrei, 16.2.14

TAG 8: Predigt in St. Peter, 5.10.14

TAG 9: Generalaudienz, 22.10.14

TAG 10: Angelus, 16.11.14

2. FASTENSONNTAG: Predigt in Sankt Paul vor den Mauern, 14.4.13

TAG 11: Generalaudienz, 19.11.14

TAG 12: Generalaudienz, 19.11.14

TAG 13: Predigt in Santa Sabina, 5.3.14

TAG 14: Treffen mit Priestern, 6.3.14

TAG 15: Apostolisches Schreiben *Evangelii Gaudium*, 24.11.13

TAG 16: Predigt, 15.2.15

3. FASTENSONNTAG: Enzyklika Lumen Fidei, 29.6.13

TAG 17: Predigt, 30.3.13

TAG 18: Treffen mit Seminaristen, 6.7.13

TAG 19: Predigt in Philadelphia/USA, 27.9.15

TAG 20: Angelus, 21.12.14

TAG 21: Generalaudienz, 5.3.14

TAG 22: An Vertreter des öffentlichen Lebens in Quito/Ecuador, 7.7.15

4. FASTENSONNTAG: Angelus, 23.8.15

TAG 23: Predigt im Lateran, 7.4.13

TAG 24: Fastenbotschaft 2014

TAG 25: Botschaft zum Weltmedientag 2014

TAG 26: Treffen mit Verlobten am Valentinstag, 14.2.14

TAG 27: An Vatikanangestellte, 22.12.14

TAG 28: Treffen mit Häftlingen in Isernia/Süditalien, 5.7.14

5. FASTENSONNTAG: Vigil mit kirchlichen Bewegungen, 18.5.13

TAG 29: Gespräch mit Mitgliedern der *Eucharistischen Jugendbewegung*, 7.8.15

TAG 30: Generalaudienz, 18.12.13

TAG 31: In einer Schule in Asunción/Paraguay, 11.7.15

TAG 32: Generalaudienz, 10.9.14

TAG 33: Angelus, 30.8.15

TAG 34: Predigt bei einer Gedenkstätte für Opfer des Ersten Weltkriegs in Norditalien, 13.9.14

PALMSONNTAG: Generalaudienz, 16.4.14

TAG 35: Treffen mit Jugendlichen in Nairobi/Kenia, 27.11.15

TAG 36: Angelus, 19.1.14

TAG 37: Kreuzweg in Rio/Brasilien, 26.7.2013

TAG 38: An Bischöfe in Krakau/Polen, 27.7.16

TAG 39: In der Holocaust-Gedenkstätte Yad Vashem in Jerusalem/Israel, 25.5.14

TAG 40: Predigt in St. Peter, 1.1.16

OSTERSONNTAG: Ökumenische Feier in der Grabes- und Auferstehungskirche von Jerusalem, 25.5.14

BILDNACHWEIS

STEFAN VON KEMPIS ist Redakteur in der deutschsprachigen Abteilung von Radio Vatikan.

Ein camino-Buch aus der
© Verlag Katholisches Bibelwerk GmbH, Stuttgart 2017
Alle Rechte vorbehalten
Designschutz beantragt

Gesamtgestaltung: wunderlichundweigand
Lektorat: Claudia Gröhn
Umschlagmotiv: Paul Haring/CNS photo/KNA © KNA
Herstellung: Finidr s.r.o., Český Těšín
Printed in the Czech Republic

ISBN 978-3-96157-005-8